Lies und verbinde.

 Das ist eine | Melone. → Male sie grün an.

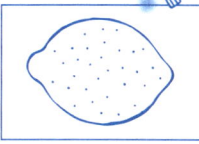 Das ist eine | Tomate. → Male sie blau an.

 Das ist eine | Rosine. → Male sie braun an.

 Das ist eine | Zitrone. → Male sie gelb an.

 Das ist eine | Banane. → Male sie grün an.

einem Vierwortsatz Informationen entnehmen und umsetzen

Lies und verbinde. Kreise **Qu** ein. Schreibe den Begleiter.

das Quartett

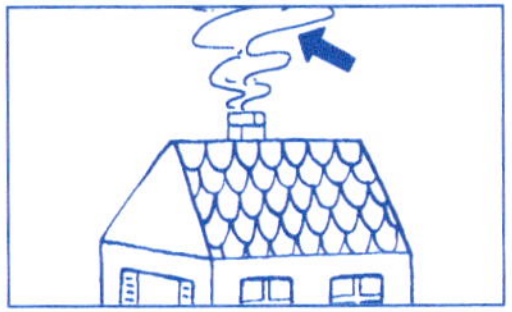

Qualm

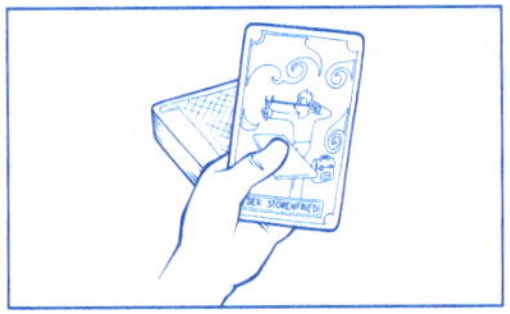

Quader

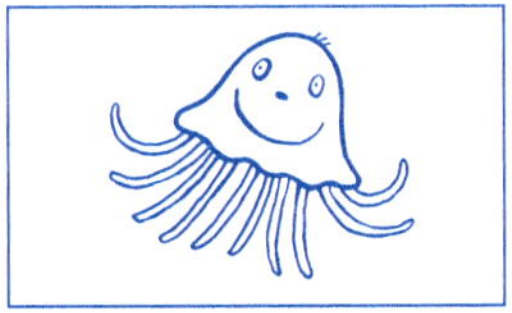

Quark

Qualle

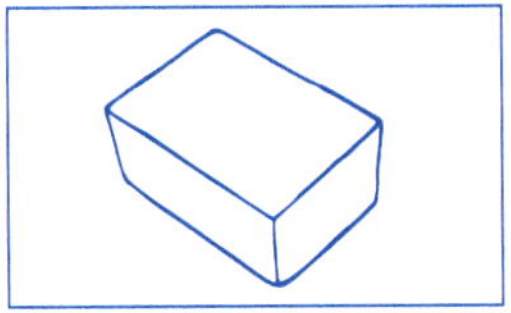

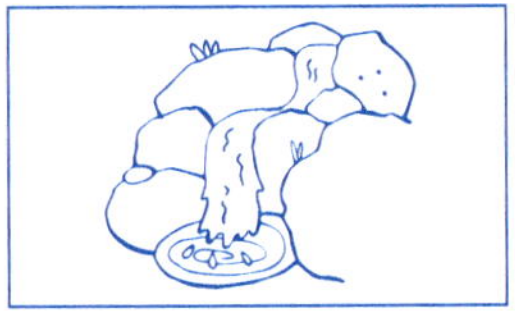

Quelle

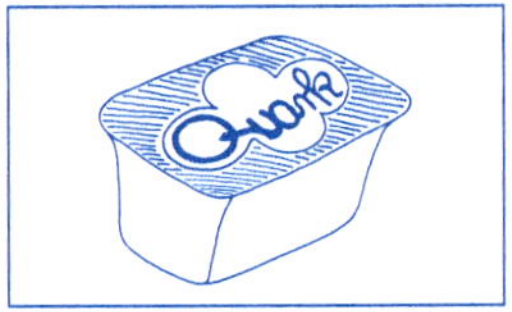

Nomen mit dem Anlaut „Qu" lesen; Artikel ergänzen, „Qu" markieren

Lies und verbinde. Kreise **qu** ein.

Ein ☐ qualmt. **qu**engeln

Ein ☐ **qu**engelt. quieken

Ein ☐ quiekt. quietschen

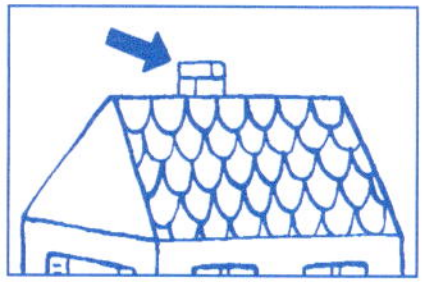

Eine ☐ quakt. qualmen

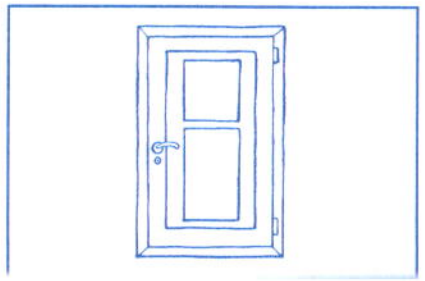

Ein ☐ quietscht. quaken

Mein Lese-Heft 2 – vom Wort zum Satz ☐ www.verlagruhr.de

Lies und male den Kasten blau, wenn **Y/y** wie **ü** klingt.
Lies und male den Kasten rot, wenn **Y/y** wie **i** klingt.
Kreise **Y/y** ein.

Pyramide	Handy	Baby
Teddy	Intercity	Xylofon
Ypsilon	Gyros	Pony
Hobby	Party	Hyäne

y-Wörter auf Klangunterschiede überprüfen; „Y"/„y" markieren

Mein Lese-Heft 2 – vom Wort zum Satz · www.verlagruhr.de

Lies, verbinde und kreuze an. Kreise Y/y ein.

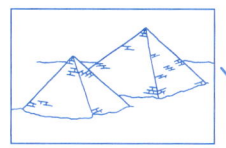

Ein Handy kann klingeln. ○ ja ○ nein

Eine Hyazinthe ist ein Tier. ○ ja ○ nein

Pyramiden stehen in Ägypten. ⊗ ja ○ nein

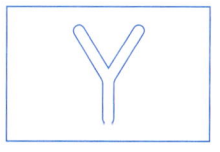

Das Pony steht auf der Wiese. ○ ja ○ nein

Das Ypsilon ist ein Buchstabe. ○ ja ○ nein

Wörter mit „Y"/„y", Bild und Satz zuordnen, auf Plausibilität prüfen, „Y"/„y" markieren

Lies und male an. Kreise Sch/sch ein.

ein grüner Frosch

eine rote Schere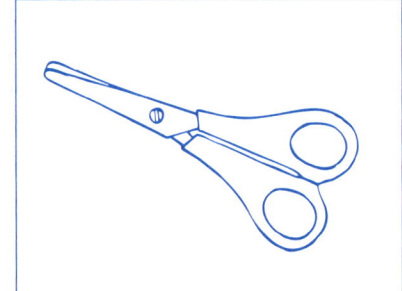

ein bunter Schmetterling

eine graue Schraube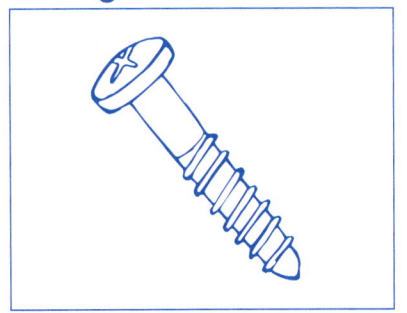

ein gestreifter Fisch

ein blauer Schuh

Mein Lese-Heft 2 – vom Wort zum Satz 🔲 www.verlagruhr.de

Wörter mit „Sch"/„sch", Teilsätze lesen, Bild passend anmalen, „Sch"/„sch" markieren

Lies und kreuze an. Kreise Sch/sch ein.

Mit Scheren kann man   ○ schreiben.   ⊗ schneiden.

Schnecken sind    ○ schleimig.   ○ schräg.

Schokolade kann man   ○ waschen.   ○ naschen.

Fische können   ○ schreien.   ○ schwimmen.

Mit Schlüsseln kann man   ○ schießen.   ○ abschließen.

Eine Scherbe ist   ○ schlank.   ○ scharf.

Schüler lernen   ○ schielen.   ○ schreiben.

Lies und kreuze an. Kreise **Eu/eu** ein. Schreibe den Begleiter.

○ das **Eu**ter
○ der **Eu**ro
⊗ die **Eu**le

○ _____ Freund
○ _____ Kreuz
○ _____ Feuer

○ _____ Beule
○ _____ Beutel
○ _____ Leute

○ _____ Zeugnis
○ _____ Keule
○ _____ Heu

Mein Lese-Heft 2 – vom Wort zum Satz · www.verlagruhr.de

Wörter mit „Eu"/„eu", Artikel ergänzen, „Eu"/„eu" markieren, Bild-Wort-Zuordnung passend ankreuzen

Lies und kreuze an. Kreise Eu/eu ein.

Eulen können  ○ leuchten. ⊗ heulen.

Eulen sind ○ feucht. ○ scheu.

In der Scheune liegt ○ Heu. ○ Leute.

Heute kommt mein ○ Freund. ○ Beutel.

Meine Freundin ist ○ neulich. ○ freundlich.

Der Leuchtturm ist ○ erleuchtet. ○ erfreut.

Ein Buch für 100 Euro ist ○ neu. ○ teuer.

Mein Lese-Heft 2 – vom Wort zum Satz www.verlagruhr.de

Lies und male. Kreise Ei/ei ein.

zwei gleiche Eier

ein kleiner Kreis

ein gestreiftes Kleid

drei breite Streifen

ein weißes Eis

ein geteiltes Seil

Mein Lese-Heft 2 – vom Wort zum Satz ⊡ www.verlagruhr.de

Wörter mit „Ei"/„ei", Teilsätze lesen, Bild passend malen, „Ei"/„ei" markieren

Eier: © Verlag an der Ruhr

Lies und streiche das falsche Wort weg. Kreise Ei/ei ein.

Ein Eis kann man [kreischen] [verspeisen].

Mit Kreide kann man [teilen] [schreiben].

Ein Dreieck kann man [ausschneiden] [reisen].

Ein Eisbär kann leise [schleichen] [streichen].

Ein Geist ist [weiß] [heiß].

Ein Ei kann [weich] [reich] sein.

Ein Eichhörnchen kann [beißen] [zeichnen].

Mein Lese-Heft 2 – vom Wort zum Satz · www.verlagruhr.de

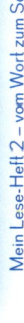

Lies und verbinde. Kreise C/Ch ein. Schreibe den Begleiter.

der **C**lown

_____ Computer

_____ Creme

_____ Chor

_____ Cowboy

_____ chinesische Flagge

Mein Lese-Heft 2 – vom Wort zum Satz · www.verlagruhr.de

Wörter mit „C"/„Ch", Artikel ergänzen, „C"/„Ch" markieren, Bild mit Schriftbild verbinden

Lies und male. Kreise V/v ein.

ein **V**iereck

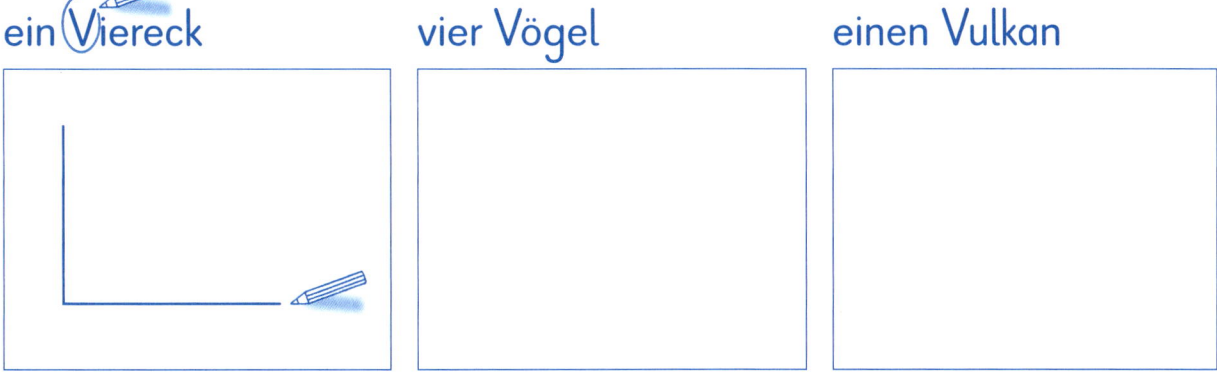

vier Vögel

einen Vulkan

ein violettes Veilchen

eine verzierte Vase

Ein Vater ist als Vampir verkleidet.

Lies und male in der gleichen Farbe an, was zusammengehört. Kreise ie ein. Schreibe den Begleiter.

__das__ Sieb

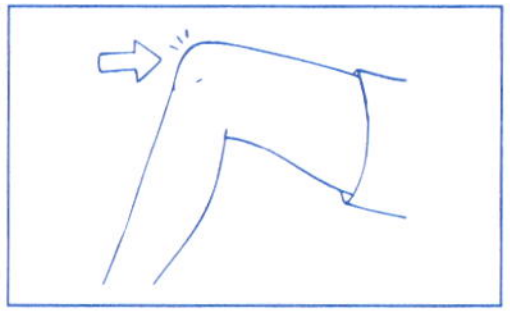

_____ Fliege

_____ Spiegel

spiegeln

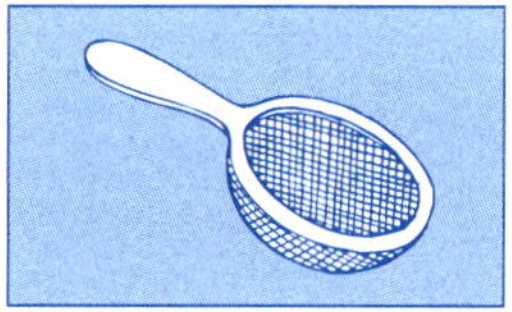

_____ Knie

aussieben

knien

fliegen

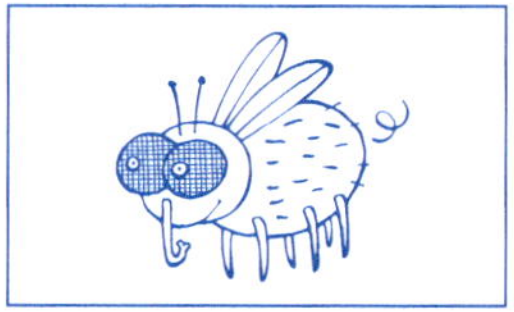

Mein Lese-Heft 2 – vom Wort zum Satz · www.verlagruhr.de

Wörter mit „ie", Artikel ergänzen, zusammengehörendes Bild, Nomen und Verb in identischer Farbe anmalen, „ie" markieren

Lies und male. Kreise **ie** ein.

Über d**ie** Wiese fliegen sieben Bienen.

Auf der Wiese liegt ein Riese und liest einen Brief.

Wörter mit „ie", Sätze lesen, Bild passend malen, „ie" markieren

Lies und male in der gleichen Farbe an, was zusammengehört.
Kreise Sp/sp **ein. Schreibe den Begleiter.**

_____ Spinne

_____ Spüle

sprudeln

der Sprudel

_____ Springseil

springen

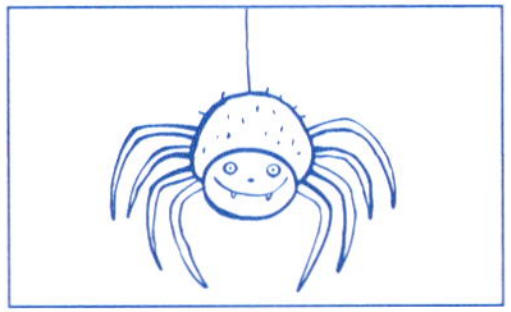

spinnen

spülen

Mein Lese-Heft 2 – vom Wort zum Satz · www.verlagruhr.de

Wörter mit „Sp"/„sp", Artikel ergänzen, zusammengehörendes Bild, Nomen und Verb in einer Farbe anmalen, „Sp"/„sp" markieren

Lies und kreuze an. Kreise Sp/sp ein.

(Sp)argel ist eine ⊗ Gemüsesorte. ○ Obstsorte.

Spinnen sprechen ○ spanisch. ○ gar nicht.

Gespenster spuken ○ spät. ○ gar nicht.

Im Spiegel kann man sich ○ sprudeln. ○ spiegeln.

Spagetti und Spinat kann man ○ spielen. ○ verspeisen.

Auf dem Spielplatz kann man ○ spülen. ○ spielen.

Mit einem Springseil kann man ○ sprühen. ○ springen.

Mein Lese-Heft 2 – vcm Wort zum Satz　www.verlagruhr.de

Lies und verbinde. Kreise ch ein.

ein la**ch**endes Mäd**ch**en

eine kochende Frau

ein tauchender Junge

ein glücklicher Junge

ein Kind mit Drachen

Kinder reichen sich die Hand

Mein Lese-Heft 2 – vom Wort zum Satz · www.verlagruhr.de

Wörter mit „ch", Bild und Teilsatz verbinden, „ch" markieren

Lies und streiche das falsche Wort weg. Kreise Ch/ch ein.

Achim streichelt sein weiches ~~Krokodil~~ Kaninchen .

In der Nacht Am Tag leuchtet ein Licht richtig hell.

Der Koch macht in der Küche Kirche Krach.

In der Bücherei sucht Chantal nach einem einfachen Buch Dach .

Michael zeichnet streicht einen Strich in sein Rechenheft.

Ich reiche schleiche dem Wellensittich ein Schälchen Wasser.

Christina will noch nicht wach leicht werden.

Mein Lese-Heft 2 – vom Wort zum Satz · www.verlagruhr.de

Lies und male in der gleichen Farbe an, was zusammengehört.
Kreise ck ein. Schreibe den Begleiter.

der Bäcker

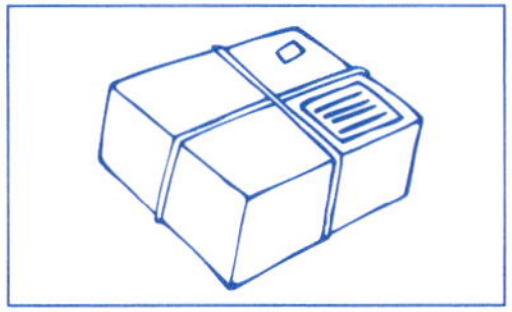

_____ Bäckerei

_____ Fleck

backen

_____ Schreck

einpacken

_____ Glück

schrecklich

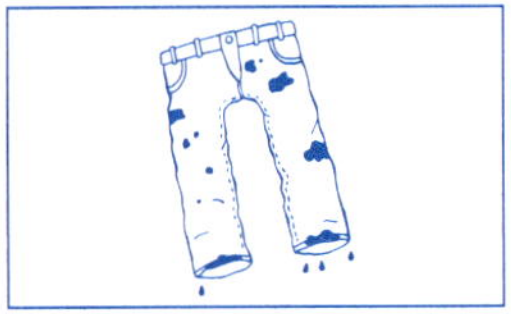

beflecken

_____ Glücksfee

_____ Päckchen

erschrecken

Mein Lese-Heft 2 – vom Wort zum Satz ⬚ www.verlagruhr.de

Wörter mit „ck", Artikel ergänzen, Wortfamilie in einer Farbe anmalen, „ck" markieren

Lies und verbinde. Kreise ck ein.

Opa schme(ck)t das le(ck)ere Stü(ck)

Der Mückenstich juckt ganz

Mama verpackt ein viereckiges

Jeden Morgen weckt der Wecker

Oma bestickt sich einen schicken

Bei Regen versteckt sich die Schnecke im

Vor Schreck verschluckt sich Anne an der

Nina versteckt ihre Jacke, sie hat einen

Schneckenhaus .

laut .

Torte .

schrecklich .

Zuckerwatte .

Päckchen .

Fleck .

Rock .

Mein Lese-Heft 2 – vom Wort zum Satz 🔲 www.verlagruhr.de

Lies und male Bild, Wort und Reimwort in der gleiche Farbe an.
Kreise St ein.

Stein

Strand

Kern

Bein

Stange

Zange

Stall

Sand

Stern

Ball

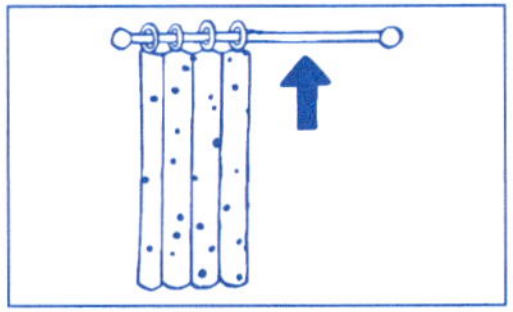

Lies und streiche das falsche Wort weg. Kreise St/st ein.

Christina stellt einen | Stock | | Strauß | in die Vase.

| In der Stadt | | Im Stall | stehen die Autos im Stau.

Am Strand stolpert Stefanie über | Steine | | Sterne | .

Stolz | stellt | | stört | Stefan seine Steinsammlung vor.

Mit strenger Stimme beendet Mama den | Streit | | Stoff | .

Oma stöhnt über den | Storch | | Staub | im Regal.

Ständig streiten Stefan und Steffi um die | Stifte | | Stiche | .

Lies und kreuze an. Kreise **Pf** ein. Schreibe den Begleiter.

- ○ _der_ Pfeil
- ⊗ _die_ Pfütze
- ○ _die_ Pflanze

- ○ ___ Pferd
- ○ ___ Pfanne
- ○ ___ Pfau

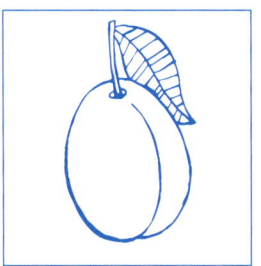

- ○ ___ Pfirsich
- ○ ___ Pflaume
- ○ ___ Pfiff

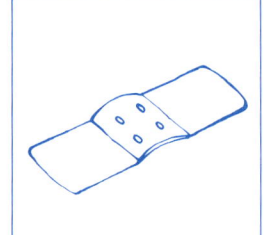

- ○ ___ Pfote
- ○ ___ Pfeffer
- ○ ___ Pflaster

Wörter mit „Pf" im Anlaut, Artikel ergänzen, „Pf" markieren, Bild-Wort-Zuordnung passend ankreuzen

Lies, verbinde und kreuze an. Kreise Pf ein.

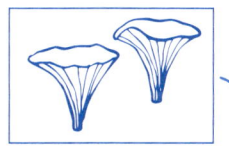

Ein Pfirsich schmeckt süß. ○ ja ○ nein

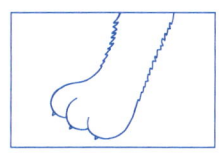

Pfifferlinge sind Pilze. ⊗ ja ○ nein

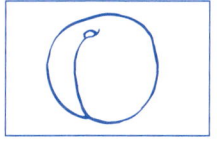

Eine Pfanne ist aus Holz. ○ ja ○ nein

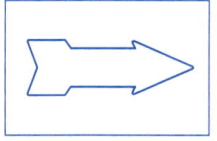

Viele Tiere haben Pfoten. ○ ja ○ nein

Ein Pfeil kann sprechen. ○ ja ○ nein

Lies und kreuze an. Kreise J/j ein.

Mit dem Jan(uar) beginnt das   ○ (J)uni.   ⊗ (J)ahr.

Ein anderer Monat heißt   ○ Jan.   ○ Juli.

Ein Jäger geht zur   ○ Jagd.   ○ Judo.

Jonas muss im Garten Unkraut   ○ jaulen.   ○ jäten.

Jeden Tag sucht Jeremias seine   ○ Jacke.   ○ Jogurt.

Jens hat sich verletzt und   ○ jubelt.   ○ jammert.

Die Jungen machen einen   ○ Jod.   ○ Jux.

„J"/„j" markieren, Sätze sinnvoll ergänzen

Mein Lese-Heft 2 – vom Wort zum Satz ⬚ www.verlagruhr.de

Lies und kreise auf dem Bild ein. Zeichne Striche nach jedem Wortteil ein.

← Sprudel|wasser|flaschen|verschluss|deckel

Turnschuhgummisohlenrand →

← Feuerwehrautoauszugsleiter

Rechtshänderbastelschere →

Mein Lese-Heft 2 – vom Wort zum Satz · www.verlagruhr.de

Lies und male.

Male einen Wasserfarbkasten mit Pinsel.

Male einen Nusseisbecher mit drei Kugeln.

Male eine gelbe Plastikschwimmente.

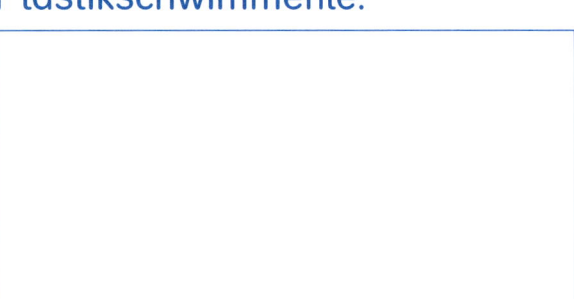

Male einen Regenbogenfisch mit bunten Schuppen.

Mein Lese-Heft 2 – vom Wort zum Satz 📖 www.verlagruhr.de

Sätze mit langen Wörtern lesen und passend dazu malen

Lies und kreuze an.

- ○ ausfallen
- ○ abfallen
- ⊗ hinfallen

- ○ vormalen
- ○ bemalen
- ○ abmalen

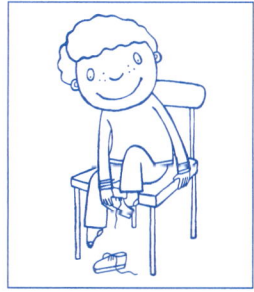

- ○ wegziehen
- ○ ausziehen
- ○ abziehen

- ○ zerschneiden
- ○ durchschneiden
- ○ ausschneiden

Lies und kreuze an.

Anne möchte ihr Plakat

○ bestellen.
○ abstellen.
○ vorstellen.

Der Cowboy muss dem Pferd

○ weglaufen.
○ nachlaufen.
○ vorlaufen.

Jonas will sich zum Baden

○ anziehen.
○ aufziehen.
○ ausziehen.

Lies und verbinde. Kreise ai ein.

Er ist ein Raubfisch.   ○ Kaiser

Er ist der fünfte Monat im Jahr.   ⊗ Hai

Es ist ein Jungenname.   ○ Laich

Er trägt eine Krone.   ○ Mai

Es sind Froscheier.   ○ Kai

Es gibt sie an Geigen und Gitarren.   ○ Mais

Er hat kleine, gelbe Körner.   ○ Saite

Mein Lese-Heft 2 – vom Wort zum Satz · www.verlagruhr.de

Lies und verbinde. Kreise **aa, oo, ee** ein. Schreibe den Begleiter.

_____ Kaffee

_____ Boot

____ die Waage

_____ Erdbeere

_____ Fee

_____ Haare

_____ See

_____ Klee

Nomen mit doppeltem Vokal, Artikel ergänzen, doppelten Vokal markieren

Tasse Kaffee: © Norbert Höveler

Lies, verbinde und kreuze an.

Das Boot fährt auf dem Meer. ○ ja ○ nein

Die Fee zaubert Schnee. ○ ja ○ nein

Im Beet wachsen Erdbeeren.  ⊗ ja ○ nein

Auf der Waage liegt ein Aal. ○ ja ○ nein

Auf dem See ist ein Entenpaar. ○ ja ○ nein

Mein Lese-Heft 2 – vom Wort zum Satz · www.verlagruhr.de

Lies und verbinde, was sich reimt.

 Mutter   Futter   Lamm

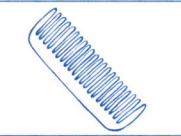 Kanne   Stamm   Kutter

 Schwamm   Pfanne   Tanne

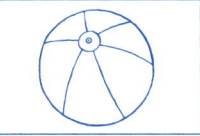 Stall   Rasse   Schall

 Klasse   Fall   Masse

Wörter mit doppelten Konsonanten, Reimwörter finden und verbinden

Mein Lese-Heft 2 – vom Wort zum Satz www.verlagruhr.de

Lies und verbinde. Schreibe das fehlende Reimwort.

Peter trägt heute rote Strümpfe.
Hans und Otto sammeln _Schl_____.

Schwert

Auf der Wiese grast ein Pferd.
Der Ritter kämpft mit einem _____.

Topf

An der Jacke fehlt ein Knopf.
Die Suppe kocht in einem _____.

gefleckt

Um sieben Uhr wird Klaus geweckt.
Das Fell des Hundes ist _____.

Schlümpfe

Mein Lese-Heft 2 – vom Wort zum Satz · www.verlagruhr.de

Lies und male den fehlenden Wortteil.

 +    = Federball

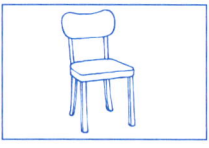 +   = Stuhlbein

+    = Haustür

+    = Schneemann

+    = Regenschirm

 zusammengesetzte Nomen erlesen, fehlenden Wortteil malen

Lies und kreuze an. Aus wie vielen Wörtern besteht jedes Wort?

Feder|ball|schläger   ○ 2   ⊗ 3   ○ 4

Brieftaube   ○ 2   ○ 3   ○ 4

Haustürschlüsselloch   ○ 2   ○ 3   ○ 4

Babypuppenkleid   ○ 2   ○ 3   ○ 4

Fensterbank   ○ 2   ○ 3   ○ 4

Regenschirmständer   ○ 2   ○ 3   ○ 4

Tannenbaumschmuck   ○ 2   ○ 3   ○ 4

Essiggurkenglasdeckel   ○ 2   ○ 3   ○ 4

Mein Lese-Heft 2 – vom Wort zum Satz   www.verlagruhr.de

Lies und male in der gleichen Farbe an, was zusammengehört.
Kreise äu **ein.**

Häuser

Maus

Träume

Traum

Bäume

Mäuse

Zäune

Raum

Zaun

Haus

Laus

Läuse

Räume

Baum

Mein Lese-Heft 2 – vom Wort zum Satz · www.verlagruhr.de

Wörter mit „au"/„äu", Einzahl und Mehrzahl zuordnen, „äu" markieren

Lies und male zu jedem Baum die passende Frucht. Kreise **äu** ein.

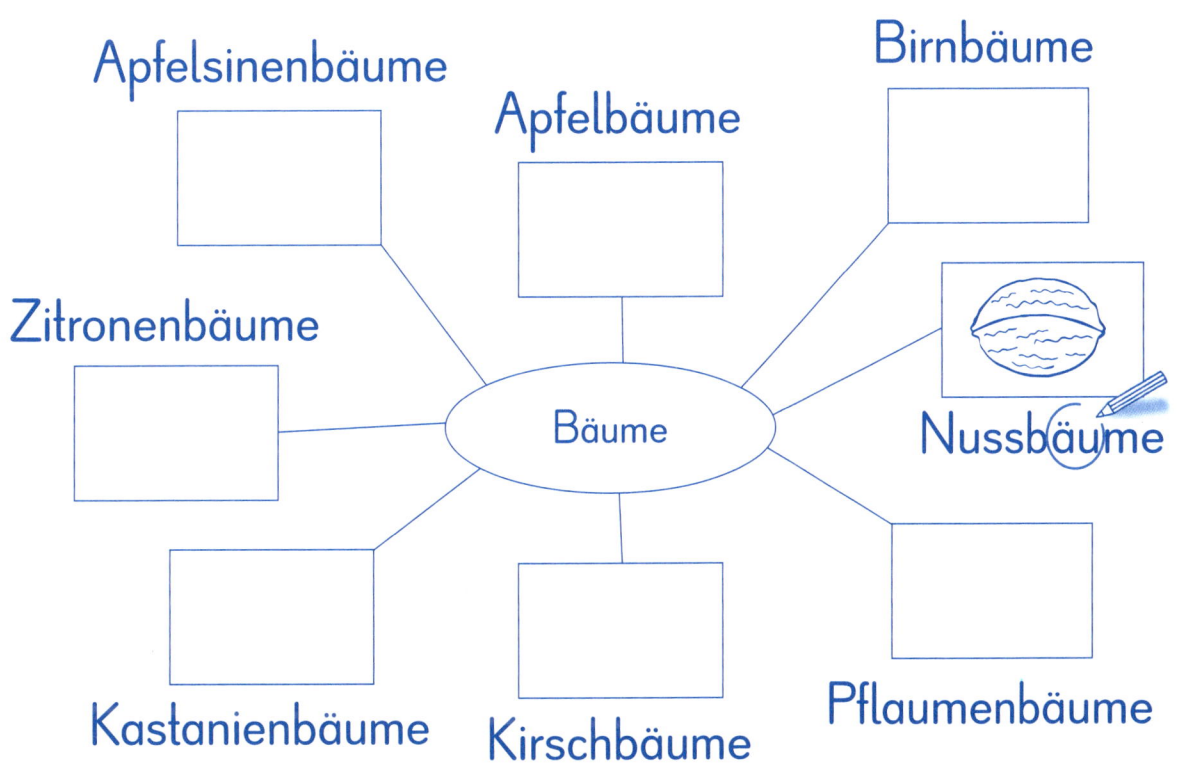

Apfelsinenbäume

Apfelbäume

Birnbäume

Zitronenbäume

Bäume

Nussbäume

Kastanienbäume

Kirschbäume

Pflaumenbäume

Mein Lese-Heft 2 – vom Wort zum Satz | www.verlagruhr.de

Lies und male in der gleichen Farbe an, was sich reimt. Kreise ß ein.

Ruß

Schoß

Spaß

Kloß

Gruß

Floß

Fraß

Maß

Fuß

gießen

grüßen

schießen

süßen

heißen

büßen

reißen

sprießen

schmeißen

Mein Lese-Heft 2 – vom Wort zum Satz ⊞ www.verlagruhr.de

Wörter mit „ß", Reimwörter finden, „ß" markieren

Gießkanne: © Norbert Höveler

Die Mutter hält das Baby auf dem Schoß.

Auf dem Wasser schwimmt ein Fl_____.

| gießen |

Peter hat einen wehen Fuß.

Die Oma schickt ihm einen _____.

| Floß |

Der Jäger will den Hasen schießen.

Blumen muss man häufig _____.

| süßen |

Lisa lässt die Oma grüßen.

Saure Kirschen muss man _____.

| Gruß |

Mein Lese-Heft 2 – vom Wort zum Satz · www.verlagruhr.de

Lies und male verwandte Wörter in der gleichen Farbe an. Kreise X ein.

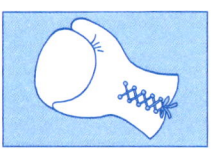	Hexe	boxen 	Werbetext
	Boxer	hexen	Faxgerät
	Text	texten	Hexenhaus
	Mixer	faxen	Mixgetränk
	Fax	mixen	Boxring

Wörter mit „x", Wörter einer Wortfamilie verbinden, „x" markieren

Mein Lese-Heft 2 – vom Wort zum Satz · www.verlagruhr.de

Lies und verbinde. Kreise **x** ein.
Schreibe den Begleiter.

___die___ Ni(x)e

_____ Taxi

_____ Text

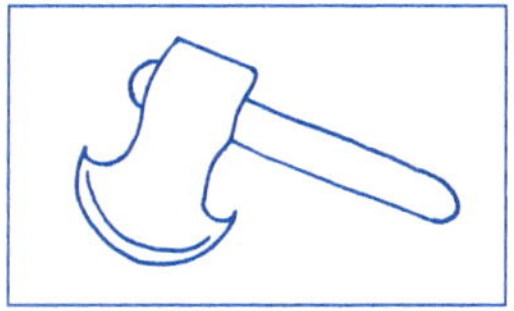

_____ Axt

_____ Box

_____ Boxer

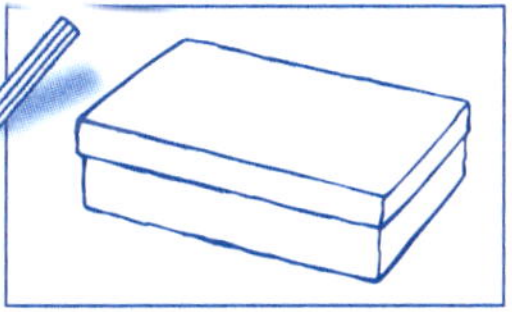

Mein Lese-Heft 2 – vorr Wort zum Satz · www.verlagruhr.de

LESEZEICHEN

Vogel/Nest, Giraffe: © Anja Boretzki

Lies und male in der gleichen Farbe an,
was sich reimt. Kreise **chs** ein.

Luchs

Fuchs

Dachs

Wachs

Füchse

Büchse

Lachs

Eidechse

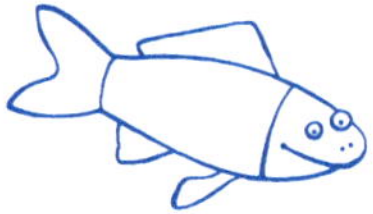

Mein Lese-Heft 2 – vom Wort zum Satz · www.verlagruhr.de

Wörter mit „chs", Reimwörter verbinden, „chs" markieren